für Helena & Amelie

Andreas J.H. Hein

AndreasHeinBusinessCoaching

Der souveräne Hotelier und Gastronom

Machen Sie sich und Ihr Unternehmen glücklich

www.heinrichhein.com

Bibliografische Information der Deutschen Bibliothek:

Die Deutsche Bibliothek verzeichnet diese Publikation in der
Deutschen Nationalbibliografie; detaillierte bibliografische
Daten sind im Internet über http://dnb.ddb.de abrufbar

1. Auflage 2017

Heinrich Hein München

Copyright © alle Rechte 2017 by Heinrich Hein

Herstellung & Verlag: BoD™ – Books on Demand, Norderstedt / Hamburg

Covergestaltung: Mad Molly, Salzburg

Layout: Mad Molly, Salzburg

Projektberatung: Oberstudienrat i.R. Klaus Tollknäpper, Hamburg

andreas@heinrichhein.com

ISBN   9783744831130

Inhaltsverzeichnis

UNTERNEHMERENTLASTUNG
& BUSINESS DESIGN

effektiv arbeiten, zielgerichtet leben, erfolgreich führen – ja, das hört sich alles toll an!

Und es existieren unzählige Bücher zum Thema. Sie ändern Ihr Leben nach kurzer Lektüre eines Buches natürlich nicht.

Aber: Wegweisende Gedankenanstöße, die etwas in Ihnen bewegen, machen Sie allerdings schon souverän!

Souveränität drückt Unabhängigkeit aus. Überlegenheit, Lockerheit, über den Dingen stehend, Selbstsicherheit.

Werden Sie vom Manager Ihres Hotels oder Restaurants zum Designer Ihres Unternehmens, zum Denker, zum Entrepreneur, zum Gestalter.

Zum Dirigenten, der mit Weitsicht in sich ruht, mit sich und seiner Umgebung zufrieden ist.

Er bewegt die Welt, kreiert Gedanken. Er nimmt bewusst den täglichen Druck heraus, der ja sowieso nur selbstgemacht ist.

Gestalten Sie Ihre Sicht auf die Dinge um. Weg von der Arbeitsmaschine zum Lenker und Leiter Ihres Unternehmens, das Sie glücklich und fröhlich machen soll.

Sie sind der Anfang!

Über Autor und Buch

Andreas J.H. Hein, Autor mehrerer Fachbücher, Unternehmenscoach, Speaker der Seminarakademie München, Diplom-Küchenmeister, KfW Gründungsberater und Wirtschaftsjurist in München bewegt nach seinem Marketingbuch und Verlagsbestseller mit diesem kleinen Werk Ihre Gedanken, die Sie zum souveränen Unternehmer oder Unternehmerin machen wollen.

Zum selbstbestimmten Designer seines Unternehmens mit Auswirkung auch auf das Private: Weil Sie Spaß daran finden werden, mit kleinen Verhaltens-änderungen Großes zu bewirken; in sich und in Ihrer Umwelt, die nicht immer mit Ihrem Wandel zurechtkommen wird. Und genau hier sollte die Freude an neuen Gedanken entstehen.

www.heinrichhein.com

PROLOG

Sie arbeiten als Inhaber eines Restaurants oder Hotels mittlerer Größe oft 14 Stunden am Stück, sind ständig überlastet? Die Zeit läuft Ihnen davon? Sie schieben Berge von Arbeit vor sich her und Ihr Schreibtisch biegt sich?

Mitarbeiter, Lieferanten, Gäste, Behörden und selbst Ihre Familie zerren an Ihren Nerven?

Dieses überzogene Beispiel zeigt den Extremfall. Der aus meiner Beratererfahrung heraus im richtigen Leben sehr viel öfter vorkommt als Sie denken mögen.

Und das ist schade, weil es einfach nicht nötig ist. Ändern Sie doch einfach die Sicht auf die Welt und sich.

Leicht gesagt? Ja.

Machen Sie heute – zusammen mit mir - den Anfang!

Durch lange Öffnungszeiten und permanenten Gästeanspruch sind Sie in Hotel und Gastro natürlich ungleich mehr gefordert, als wenn Sie als Ladengeschäftbetreiber um 10.00 h öffnen und pünktlich um 18.00 h wieder schließen.

Allein die Mitarbeiterführung beansprucht Sie in einem mittelgroßen Haus in außergewöhnlichem Ausmaß.

Steht Ihnen auch ständig jemand am „Rockzipfel" und braucht eine Aussage, einen Tipp, eine Anweisung, ein Formular, hat eine Bitte oder ein Anliegen?

Mit diesem Konzept DER SOUVERÄNE HOTELIER UND GASTRONOM will ich Ihnen einfache, aber effektive Techniken aufzeigen, um nicht nur den Tag in den Griff zu bekommen, sondern mit Ihrem Wollen sogar Ihr Unternehmerleben.

Aber: „Erkenne Dich selbst!"

Eine positive Entwicklung bringen Sie nur dann in Gang, wenn SIE etwas ändern! Hier und heute und mit großer Freude.

Schieben Sie Zeitnot und Überlastung nicht auf unfähige Mitarbeiter, nervige Gäste, herbeigeredete Anforderungen an den Chef. Nein, das alles gibt es nicht! Wenn Sie unfähige, also überbezahlte Mitarbeiter beschäftigen, haben Sie entweder die falschen eingestellt oder sie nicht ausreichend geschult.

Nur Sie!

Ich will Sie hier zu einer grundlegenden Veränderung bewegen. Seien Sie offen für einen persönlichen Change!

Quelle: www.woelkner.de

Sie werden fortan Ihre Arbeitstage designen, Ihren Betrieb lenken, träumen, entscheiden. Sie sind der Dirigent, der natürlich bei Not am Mann auch mal mit anpackt. Mal! Denken Sie einfach darüber nach, ob Sie das so wollen. Und greifen Sie an. Sie werden in diesem Konzept auch Techniken und Wege kennenlernen, die Ihnen wahrscheinlich geläufig sind, aber nicht praktiziert werden. Fangen Sie heute an, sich zu entlasten und ein in allen Belangen bestzufriedener Unternehmer zu sein, der seine wertvolle Zeit im Griff hat. Heute.

Beginnen Sie in kleinen Dingen wie etwa dem täglichen Schreiben der Tageskarten oder Tafeln. Das ist ab heute nicht mehr Ihre Aufgabe. Verhandeln mit dem Lieferanten?

Das können Ihre Mitarbeiter doch viel besser

Und für die Annahme von telefonischen Reservierungen zahlen sie doch schon lange: Ihre Servicemitarbeiter. Strukturieren Sie die Rezeption, so dass auch die Aushilfe ohne Hilfestellung arbeiten kann. Konfigurieren Sie Speiseangebot und Küchenproduktion perfekt, damit Sie sie nur noch in Ihre Küche hineinsehen – und nie wieder verschwitzt heraus. Der Einkauf in Housekeeping und Service muss automatisiert werden, ohne Sie selbst damit zu belasten.

Konfigurieren Sie Ihren Betrieb in Küche, Restaurant, Rezeption und Etage.

Erstellen Sie bei Bedarf ein Mitarbeiterhandbuch zum Nachschlagen mit Algorithmen. Es wiederholt sich doch sowieso immer wieder alles.

Sie haben Angst vor Handbüchern? Ganz ehrlich: Ich kenne niemanden, der keine Angst hat. Dabei ist es so praktisch und einfach, neuen Kollegen noch vor Tätigkeitsbeginn einen Leitfaden mit allen relevanten Betriebsinformationen in die die Hand zu drücken – und sich dann selbst eine ausgiebige Kaffeepause zu gönnen anstatt stundenlang Erklärungen abzugeben. Zielführende Vorlagen finden Sie unter www.gastroworks.de . Ausfüllen, drucken und verteilen. Einfacher geht´s nicht.

Sie wollen mehr zum Thema erfahren? Schreiben Sie mir

andreas@heinrichhein.com

VERSTÄNDNIS DER UNTERNEHMERAUFGABEN

Ja, wer ist er denn überhaupt, der Unternehmer? Wer sind Sie?

Angelehnt an den englischen „Undertaker" ist der Unternehmer im Gegensatz zum Manager jemand, der ein Unternehmen betreibt und gleichzeitig Eigenkapitalgeber ist. Er wird als Entrepreneur bezeichnet, der die Kopfarbeit leistet. Ohne ihn gibt es kein Unternehmen. Der Berliner Wirtschaftsprofessor Günther Faltin beschreibt in seinem Buch „Kopf schlägt Kapital" die verhängnisvollen Fehlentwicklungen der zwei Tätigkeitsfelder innerhalb des „Entrepreneurship Design" und des „Entrepreneurship Management". Viele sind als (auch noch mitarbeitender) Manager überfordert, folgend bleibt für den Designer keine Zeit mehr übrig. Die ökonomisch gefahrvollen Folgen sind

- o fehlendes Wachstum, weil Chancen nicht erkannt werden

- o eingeschränkte Markt- und Mitbewerberbeobachtung

- o mangelndes Controlling, weil BWAs, SuSas und Bilanzen nicht evaluiert werden

- erhöhte Fluktuation, weil Sie sich keine Zeit für Ihre Mitarbeiter nehmen (können)

- rasanter Kontrollverlust durch Überarbeitung

- steigende psychische Unzufriedenheit mit möglichen Langzeitfolgen

Zunehmende Betriebsblindheit in all diesen Bereichen erhöht die Gefahr, die Positionierung Ihres Unternehmens aus den Augen zu verlieren. Sie riskieren durch dieses Verhalten letztlich Umsatz- und Gewinnrückgänge, die Ihr Unternehmen sehr schnell in eine kritische Schieflage bringen können.

Sie werden dringend als Persönlichkeit gebraucht, nicht als Aushilfe

---

„Meine Putzfrau hat nach Aufrechnung einen erheblich höheren Stundenlohn als ich", höre ich immer wieder. Ja ehrlich, dann machen Sie etwas falsch! Gehen Sie doch einfach als Putzfrau, dann haben Sie dazu noch einen geregelten Feierabend. Was zu folgender Erkenntnis führt:

Sich über die Umstände zu beklagen, hilft Ihnen nichts.

Und ist dazu Hilfsarbeitermentalität. Elan, Freude, Enthusiasmus, Energie und Selbstverantwortung setzen positive Veränderungen in Gang, die Sie nicht für möglich halten mögen – und die Sie 1:1 auf Ihren Kontoauszügen ablesen können.

Entwickeln Sie sich mit diesem IntensivCoaching vom reinen hemdsärmeligen Betriebsmanager zum souveränen Unternehmensdesigner, der sich Freiräume für die wichtigen Dinge des Lebens schafft:

Den täglichen Spaß und die Freude am eigenen, erfolgreichen Unternehmen, das Werte schafft.

Zielführendes BusinessCoaching finden Sie unter www.heinrichhein.com

DAS UNTERNEHMEN IM KOPF

Jede Unternehmung entsteht im Kopf. In Ihrem!

Jede Brücke, die erbaut wurde, jede Landesgrenze, jeder Krieg, der Hybridantrieb, die Formel 1 und Energydrinks: Einer hatte eine Idee, zu der sich die Neuronen und Synapsen seines Gehirns enorm angestrengt haben. Ihr Unternehmen entstand aus einer Idee. Aus Neuronen und Synapsen.

Sie planten, träumten, sahen sich als Chef, Lenker und Leiter eines Unternehmens, schauten auf Wohlstand, waren hoch respektiert, gesund, fröhlich, angesehen. Und richtig zufrieden. Oder?

Soweit zu Traum und Theorie.

Was das alles mit dem Thema Unternehmerentlastung zu tun hat? Sie haben nichts davon, einige gut durchdachte und sogar erprobte Ideen mit dem Thema „Jetzt werde ich locker und rundum erfolgreich" zu lesen. Dazu gibt es unzählige YouTube Videos, Hörbücher und umfangreiche Literatur. Ich möchte Sie bewegen, in Ihrem inneren Kern die Notwendigkeit zum Handeln, zur Veränderung zu erkennen. Wenn Sie das nicht selbst begehren, bleiben Sie heute stehen. Spüren Sie das Verlangen, sich selbst zu optimieren!

Wenn Sie das durchziehen wollen,
ist das geistiger Extremsport

Vergleichen Sie einfach die erste Idee, die Sie vor Gründung oder Übernahme Ihres Betriebs hatten mit dem heutigen Ist-Zustand.

Setzen Sie sich genau 30 Minuten an einen ruhigen Ort, an dem Sie sich ungestört wohlfühlen und denken darüber nach, ob all Ihre Erwartungen erfüllt sind. Ist das nicht der Fall, ist Ihnen irgendetwas aus dem Ruder gelaufen.

Einzig und allein Ihnen ist das passiert, niemand anderem. Und das ist nicht weiter tragisch.

Werden Sie der, der Sie immer sein wollten.
Das ist nicht esoterisch. Das ist Commitment

= Selbstverantwortung = Freude = Erfolg

Richten Sie sich neu aus, pendeln Sie sich ein. Werden Sie der virtuose Dirigent Ihres Unternehmens, der sein Orchester kennt, versteht, liebt und zum großem Erfolg führt.

Können Sie sich Herbert von Karajan oder einen Kurt Masur an der Violine, der Pauke oder der Querflöte vorstellen? Warum nicht?
Weil es nicht ihr Platz ist.

So wie es Ihr Platz nicht in Küche, Service, Rezeption oder wo immer es sonst noch brennt, ist.

Sie begründen Ihre Überforderung mit Personalmangel? Ein hausgemachtes Problem. Es liegt – seien Sie ehrlich (versuchen Sie es zumindest!) - an IHNEN, machen Sie sich das klar und bewusst.

Ändern Sie Einstellung und Verhalten, und streichen Sie dann das Wort „Fachkräftemangel" aus Ihrem Wortschatz. Fragen Sie sich, warum Sie keine Mitarbeiter bekommen oder halten? Was ganz genau ist der Anlass? Sie? Ihre Führungskräfte? Das Gehalt? Die Betriebskultur? Die Sozialkompetenz?
Wie Sie den ersten Schritt zu dieser klaren Bereicherung tun?

Mithilfe von Neuronen und Synapsen!

DELEGATION

Das lateinische *delegare* bedeutet „abgeben, übertragen, anvertrauen." Nicht mehr, nicht weniger. Damit ist alles gesagt. Aber wie funktioniert die Umsetzung? Sie müssen abgeben! Leicht gesagt, aber: Sie müssen nur WOLLEN. Arbeiten Sie folgende Liste bitte nicht als Checkliste ab. Denken Sie über jeden Punkt nach, und erst, wenn Sie vom guten Erfolg überzeugt sind, bringen Sie positiven Schwung in die Umsetzung.

Vertrauen Sie Ihren Mitarbeitern? Wenn Sie dieses Vertrauen in menschliche sowie fachliche Fähigkeiten nicht haben, arbeiten sie am besten alleine. Ihr Weg für ein erfolgreiches Team ist schon hier beendet. Drei Gründe dafür liegen auf der Hand:

- Sie haben unfähige und damit überbezahlte Mitarbeiter eingestellt

- Sie haben Ihr Personal nicht ausreichend geschult oder am falschen Platz eingesetzt

- Sie leiden unter einem Kontrollzwang, dann sollten Sie die Notwendigkeit zur persönlichen Veränderung gezwungenermaßen erkennen oder sich professionell coachen lassen.

Spitzenleistungen in Sport, Politik oder Wirtschaft sind ohne Coaches gar nicht denkbar.

Denken Sie also nicht, so einen „Psycho-Onkel" brauche ich nicht

---

Coaching ist Hilfe zur Selbsthilfe. Die kann bedeutend sein und Ihr Leben sogar grundlegend verändern.

Setzen Sie schon beim Einstellungsgespräch Zeichen:

Lassen Sie sich vom Bewerber wiederholt über eigene Engagements informieren. Oder testen Sie es einfach mal praktisch aus: „Versehentlich" kippt Ihnen Ihre halbvolle Espressotasse während des Gesprächs um. Bleibt der Bewerber regungslos und tut nichts zur schnellen Schadensbehebung, ist er schon der falsche. Keine Initiative, kein Biss: Kein Vertrag.

„Brennt" der Bewerber für seinen Beruf, seine Berufung? Lassen Sie ihn über sein schönstes berufliches Erlebnis erzählen. Wenn seine Augen dabei leuchten - stellen Sie ihn ein.

Stellen Sie sich vor, der Bewerber sollte Sie in einer problematischen Situation vor dem Gast vertreten. Trauen Sie ihm das zu? Ja – nein. Abgelehnt – eingestellt.

Achten Sie besonders auf die Körpersprache, vom ersten Augenkotakt bis zur Verabschiedung. Es gibt Menschen, mit denen kann man einfach nicht. Sie sind der Chef, Sie machen die Ansage und entscheiden. Wenn Sie sich nicht sicher sind, lassen Sie den Bewerber ziehen. Vertrauen Sie einfach Ihrem Bauchgefühl, das hat zum Schluss sowieso immer recht (nur niemand gibt es zu).

Delegieren heißt auch verändern. Sich selbst. Sie sollten Veränderung leben: Das macht Spaß, wenn Sie zunächst kleine Erfolge erzielen und nach der Gewöhnungsphase in größere Schritte übergehen.

Fangen Sie – jetzt sofort – mit kleinen Übungen an:

- Übertragen Sie dem Souchef die Urlaubsplanung für das kommende Jahr

- Lassen Sie die Tageskarte vom Service schreiben, korrigieren und drucken

- Lassen! Sie eine Technikliste anfertigen, die alle Geräte, Maschinen, Fahrzeuge, Telefon- und WLANanlage, TV, Heizung usw. mit dazugehörigen Technikern und Erreichbarkeit auch an Feiertagen enthält. Bei Ausfall oder Störung kümmert sich ab sofort nur noch einer um Schäden, Defekte und Ausfälle: Ihre Mitarbeiter

- Informieren Sie umfänglich und transparent über alle Betriebsangelegenheiten, das haben Ihre Mitarbeiter verdient. Und Sie auch. Weil zum richtigen Entscheiden volle Information notwendig ist, geben Sie alle Möglichkeiten, selbst zu handeln. Selbst, Sie sind nicht mehr gefragt.

Dirigieren Sie! Warum nicht via Handy von der sonnigen Terrasse im 12 Stock? Ich wüsste nicht, warum das ungewöhnlich sein soll? Oder

---

haben Sie einen Vertrag mit sich selbst, der vorgibt, sich täglich zu quälen?

Sie tragen schon ein hohes Wirtschaftsrisiko, Sie sollten sich also nicht auch noch zusätzlich kaputtarbeiten.

Setzen Sie sich kurz, aber oft und regelmäßig mit Abteilungsleitern (Küchenchef, Restaurantleitung, Chef Reception, Hausdame) zusammen. Stellen Sie hier nur Ihre Anforderungen dar. Über die Umsetzung macht sich die 1. Ebene des Führungspersonals Gedanken, Sie müssen da gar nicht anwesend sein. Sie geben Ihr Ziel vor. Es ist Ihr Unternehmen, Ihr Geld, Ihre Existenz. Es gibt immer, ja immer, auch in Ihrem Unternehmen, enormes Optimierungspotenzial, über das sich das Diskutieren lohnt. LASSEN Sie diskutieren und entscheiden dann zwischen den besten Alternativen.

Nörgeln Sie nicht über fehlerhafte Kleinigkeiten bei Mitarbeitern der mittleren und unteren Ebene. Zeitverschwendung!

Sie haben immer ein Notizheftchen in der Größe DIN A 7 (½ Postkartengröße) parat und machen sich Notizen, um effektiv zu sein. Im gerade genannten Abteilungsleitermeeting ergeht aus den Notizen die freundliche, aber sehr bestimmte Forderung zur Verbesserung an die obere Ebene.

Arbeit und Aufgaben abzugeben wird Sie befreien. Sie spüren den täglichen Druck, der krankmachen kann, immer seltener. Bedenken Sie, dass Sie als Unternehmer nur eines der vielen Zahnräder des Wirtschaftsbetriebs sind. Allerdings das größte und das wichtigste.

Gehören Sie zu den Unternehmern, die spontan ein Jahr unbesorgt auf Trekkingtour gehen könnten, weil Sie Ihr Unternehmen bestens geführt wissen?

Sie können nicht?

Nein, Sie wollen nicht!

Machen Sie sich bewusst: Es könnte Sie eine Krankheit oder Unfall heimsuchen. Dann sind Sie auch ohne Trekkingtour abwesend. Gezwungenermaßen.

Was genau passiert dann? Haben Sie einen Plan dazu? Und einen Plan B? Ihr Betrieb muss weiterlaufen, damit Sie nicht innerhalb kürzester Zeit in ernste wirtschaftliche Schwierigkeiten geraten.

Besuchen Sie zu diesem Thema eines meiner Seminare in München. Termine und Themen finden Sie unter www.seminarakademie.net

ZEITMANAGEMENT

„Arbeit dehnt sich in genau dem Maß aus, wie Zeit für ihre Erledigung zur Verfügung steht."

Diese Gesetzmäßigkeit des Historikers und Soziologen Cyril N. Parkinson stellt sich in den meisten betrieblichen und persönlichen Situationen bzw. Sachlagen als überzeugend und erstaunlich richtig heraus.

Paretoprinzip: 80% Ertrag aus 20% Aufwand

Sie können auf Paretoprinzipien zurückgreifen, die ALPEN-Methode oder das Eisenhowerprinzip anwenden, sich mit MindMaps, dem A6 Informationssystem oder Kanban Tafeln organisieren. Alle Methoden haben das Ziel, Sie bestorganisiert durch den Tag zu bringen. Warum? Weil Ihre Zeit knapp, begrenzt ist. Nicht nur der Arbeitstag, sondern auch Ihre Lebenszeit.

Was wollen Sie in Ihr Leben hineinpacken? Ihre Wahl!

Bringen Sie Ihre Neuronen auf Vordermann. Nehmen Sie sich die Zeit zum Nachdenken, Ihren Traum-Tag zu konstruieren, zu designen, im Geist wachsen zu lassen.

Wie sieht Ihr perfekter Arbeitstag aus? Lassen Sie ihn Wirklichkeit werden! Unsere Erfahrungen aus unzähligen Unternehmer-Coachings zeigt eindeutige Ergebnisse zur optimalen Umsetzung Ihres persönlichen Zeitmanagements mit viel Freiraum:

Planen Sie Ihre Aufgaben – einfach ungeordnet - vorteilhafterweise am Vortag und notieren die geschätzt benötigte Zeit hinter der Aufgabe. Priorisieren und nummerieren Sie danach die Aufgaben.

Beispiele:

- o Ihr einziges und dringend benötigtes Cateringfahrzeug wurde aus dem Halteverbot abgeschleppt
- o Es ist Ende Mai und es fehlen Ihnen Unterlagen zur Einkommensteuererklärung
- o Sie richten heute ein Hochzeitsevent aus und das gewünschte CobeBeef wurde noch nicht geliefert.

Das sind A1-Aufgaben in unangefochten höchster Priorität. Der monatliche Termin beim Steuerberater, auch der ist wichtig, hat aber die unterste Priorität und wird bei Nichterledigung auf den Folgetag geschoben. Sie bekommen nicht so schnell einen neuen Termin? Dann nimmt man Sie nicht wichtig genug. Arbeiten Sie auch an diesem Thema.

Halten Sie Ihre Zeit knapp. Setzen Sie sich im Thema selbst unter Druck, um den nächsten Punkt zu bearbeiten. Dazu gehören auch Telefonate. Ihre Zeit ist zu wertvoll, um Larifari anzuhören.

Arbeiten Sie fix und konzentriert.

Verbeißen Sie sich in die Sache wie ein Pit Bull, bis sie erledigt ist

---

Jede Unterbrechung kostet Zeit zur Wiederaufnahme des Themas.

- Schließen Sie alle Unterbrechungen aus. Störungen durch Mitarbeiter, Telefon, eMails, Besucher, Vertreter, Facebook oder Whats App. Schotten Sie sich ab, leiten Sie Ihr Telefon und Handy um, stellen Sie einen „Torwächter" vor die Bürotür. Sie staunen, wieviel Sie in 3 Stunden schaffen.
- Legen Sie für persönliche Gespräche und Telefonate IMMER feste Zeitfenster fest und

brechen Sie bei Überschreitung rigoros ab. Geplauder und Privates hat Zeit. Wenn SIE sich die Zeit dazu nehmen.

- Verplanen Sie nur 60% Ihrer Zeit. Das sind bei einem 10 stündigen Arbeitstag 6 Stunden. Niemals mehr! 40% gehen an ungeplante, unvorhersehbare Ereignisse, die immer auftauchen.

Schließlich brauchen Sie auch Zeit, um anderen Menschen Ihre neue Lockerheit zu präsentieren!

Lassen Sie sich bewundern, das gehört dazu

Vielleicht motiviert es Sie zusätzlich.

Praxistipps zur Umsetzung

„Dringend und wichtig sind alle meine Aufgaben, zweitrangige existieren eigentlich nicht", sagen Sie? Das zeigt Ihrer Umwelt und Ihnen selbst, **dass Sie doch gar so überaus wichtig sind.**

Und wir sind ja tatsächlich wichtig. Zeigen Sie mir eine Führungskraft in der Gastronomie oder Hotellerie, die sich Zeit für ein unerwartetes Gespräch nimmt – ohne auf die Armbanduhr zu blinzeln! Sicher, es gibt sie, aber als absolute Ausnahme. Und ich hoffe innständig, Sie gehören nach dieser Lektüre dazu. Täglich wartet eine unglaubliche Menge von Entscheidungen auf uns. Selbst ein 24 Stunden Arbeitstag wäre niemals langweilig. Wir sichern Qualität, halten unsere Teams zusammen, planen, steuern, sparen, halten Gästekontakt, kontrollieren.

Um unser Unternehmen voranzubringen, ist aber freie Zeit notwendig. Nur ein ausgeruhter Kopf bringt effiziente Innovationen hervor, die dann erfolgreich umgesetzt werden können.

Organisieren Sie Ihren Betrieb jetzt perfekt

GASTROWORKS

Arbeitsvertrag Aushilfen HACCP
Reinigungslisten FunctionSheet Urlaubsplaner
Dienstplan Checklisten Einkauf Lieferantenvergleich
Personalerfassung Technische Einweisung
Laufzettel Urlaubsantrag Abmahnung

perfekt planen, steuern und umsetzen

www.gastroworks.de

Die 5 Andreas Hein Effizienz-Regeln zur Zeitplanung:

Verlangen Sie keine Perfektion von sich selbst,

Sie wissen sowieso nicht, wie sich Ihre Entscheidung anderswo auswirkt oder gar verselbstständigt. Das heißt keinesfalls, nachlässig zu handeln. Perfektionismus hält Sie immer von der nächsten Aufgabe ab. Wer hat´s gesagt?: „Lieber fertig als perfekt!"

Erhöhen Sie den eigenen Entscheidungsdruck,

um keine Zeit mit der ProblemFINDUNG zu verschwenden. Legen Sie das Ziel fest und arbeiten Sie stattdessen an der LÖSUNG.

Entwickeln Sie keine Harmoniesucht

Ihre Entscheidungen und Lösungsansätze stoßen sowieso nicht bei jedem auf Gegenliebe. Ecken Sie auch mal bewusst an. Verfechten Sie auch mal eine falsche Entscheidung, damit Sie zeigen: Ihre Entscheidung gilt, richtig oder falsch. Gerade dieses Vorgehen bringt Ihnen in der Zukunft enorme Zeitgewinne. Sie sind der Käptn!

Wägen Sie Pro und Contra fix ab

und fassen Sie auch weitere „schnelle" Optionen ins Auge, um zur besten und schnellsten Lösung zu gelangen. Müssen Sie sich für einen von zwei gleich guten Partie Chefs entscheiden, sollten Sie nach Emotion entscheiden. Aber entscheiden Sie. Jetzt!

Setzen Sie Ihre eigenen Prioritäten,

indem Sie Beurteilungen der Lage schon vor jeder Entscheidung abgeben. So ersparen Sie betroffenen Menschen unliebsame Überraschungen und kommen nicht in Erklärungsnöte. Sie sparen Zeit!

Jedem Menschen stehen maximal 24 Stunden am Tag zur Verfügung, um seine Dinge zu erledigen. Auch Ihnen! Bill Gates z.B. hat die ihm zur Verfügung stehenden 24 täglichen Stunden zum Aufbau eines Milliardenvermögens genutzt. Sicher auch, weil er äußerst zielstrebig seine Ziele verfolgt hat und es immer noch tut. Und zur richtigen Zeit am richtigen Ort war. Selbst eine harmlose Putzfrau hat nicht mehr und nicht weniger als 24 Stunden Zeit am Tag zur Verfügung.

Deshalb kann man seine Zeit
grundsätzlich nicht managen.
Sondern nur intelligent einteilen und
Prioritäten setzen.

DER KURZTEST ZUR PRIORITÄTSFINDUNG

„Was, noch so ein Schwachlast-Test zur Selbsterkenntnis", fragen Sie vielleicht entnervt? Ja, aber dieser ist gut, weil er aus meiner Feder stammt. Meine Neuronen und Synapsen haben sich für ihn, so für meinen Leser, angestrengt! Sie müssen keine 10 Minuten für diesen zielführenden kleinen Test aufwenden. Und mit ein wenig Schicksal zeigt er Ihnen die richtige Abzweigung auf einer der vielen Millionen Kreuzungen Ihres Lebens- und Berufsweges.

Mit folgender Taktik entwickeln Sie eine ausgesprochen feste Basis:

PHASE 1: Überprüfen Sie für das ganz persönliche Lebensmanagement deshalb zunächst Ihre Prioritäten. Was ist Ihnen wichtig, was wollen Sie erreichen? WOFÜR wollen Sie Ihre Zeit überhaupt einsetzen?

Nummerieren Sie folgende Ziel-Checkliste nach ganz persönlicher Rangfolge durch, um Ihre Motivation zu erkennen.

Ihr wichtigstes Lebensziel bekommt die Nummer 1 und so weiter:

SICHERHEIT

☐ Ich will kein Risiko in Beruf, Familie und finanziellen Angelegenheiten eingehen und so sicher wie irgend möglich leben. Hop oder top-Mentalität, um die Möglichkeit zur Selbständigkeit auszureizen, ist mir fremd.

PRESTIGE

☐ Ein Geschäftsführerjob in einer angesehenen Hotelkette/Inhaber des nobelsten Clubs der Stadt zu sein hätte Vorrang vor allem anderen. Auszeichnungen in Verbänden und bei Ausstellungen heben mein Selbstvertrauen ungemein.

WOHLSTAND

☐ Mein gut gefülltes Bankkonto, Anlagen und Depots sind mir heilig. Mein Traum ist die Realisierung eines gastronomischen Großprojekts, mit dem ich ein Vermögen machen kann.

GESUNDHEIT

☐ Ich möchte noch viele Jahre beschwerdefrei leben und achte deshalb täglich auf gesunde Ernährung und ausreichende Bewegung. Regelmäßige Arztbesuche beispielsweise sind für mich selbstverständlich.

OPFERUNG

☐ Die Zufriedenheit anderer liegt mir außerordentlich am Herzen. Meine Azubis und meine noch nicht integrierten Spüler können sich auf mich jederzeit verlassen.

SELBSTVERWIRKLICHUNG

☐ Ich will mich entfalten. Meine schöpferische Gabe muss ich ausleben. Hierzu werde ich ein eigenes Restaurant eröffnen, damit mir niemand hereinreden kann.

FACHKOMPETENZ

☐ Mein Traum, eine Autorität in Sachen Küche oder Management zu sein. Jemand, dem man zuhört, wenn er über Fachthemen referiert.

VERPFLICHTUNG

☐ Die Aufrechterhaltung der Berufsehre und Prinzipien der Gastronomie/Hotellerie ist mein Thema Nr. 1. Ich kämpfe für die Ideale des Berufsstandes.

SPASS UND VERGNÜGEN

☐ Ich will mein Leben genießen. Ich arbeite gern, aber die angenehmen Seiten des Lebens haben höhere Priorität.

FÜHRUNGSANSPRUCH

☐ Andere anzuleiten und zu entwickeln liegt mir am meisten. Meine Ziele mit Hilfe anderer durchzusetzen begeistert mich.

UNABHÄNGIGKEIT

☐ Ich muss mein eigener Herr sein, dem niemand erklärt, was falsch und richtig ist. Es ist mir ein Graus, fremde Philosophien anhören zu müssen.

PHASE 2: Verbinden Sie - wie einem DNA-Abgleich - Ihre Lebensziele mit den beruflichen Vorhaben ab.

Volltreffer bei Übereinstimmung.

Aufarbeitung und Neuausrichtung bei Negativbescheid.

Beantworten Sie die folgenden Fragen wirklich ehrlich, nur für Sie selbst und ganz persönlich:

- Welche Ihrer wichtigsten Lebensziele mit den Nummern 1, 2 und 3 können Sie in Ihrer jetzigen Position erreichen?
- Wenn nicht, wo und in welcher Position könnten Sie es?
- Welche Opfer müssten Sie bringen, um Ihre Ziele zu erreichen? Ein Nebenziel für ein Hauptziel opfern?
- Was wollen Sie in 1 Jahr erreicht haben?
- Was wollen Sie in 5 Jahren erreicht haben?
- Welche Stärken helfen Ihnen bei der Umsetzung Ihres 5-Jahresplans?
- Welche beruflichen Hindernisse müssten Sie aus dem Weg schaffen, um Ihre Lebensziele zu erreichen?

Das berufliche Ziel ist dem Lebensziel weit untergeordnet.

Das Lebensziel bestimmt den SINN Ihres Lebens.

Analysieren Sie deshalb die vorstehenden Fragen sehr scharf.

Setzen Sie ganz persönliche, hier gewonnene Erkenntnisse in die Tat um. Machen Sie engagiert weiter, sobald Sie den richtigen Weg beschreiten. Brechen Sie ab, wenn Sie keine Übereinstimmung feststellen konnten. Beides bringt Sie weit nach vorn.

Es könnte Ihnen in Ihrem Leben andernfalls so gehen wie dem Waldarbeiter, der schon tagelang ohne großen Erfolg an einem Baum sägt. Auf den Hinweis, doch das Sägeblatt zu schärfen reagiert er mit der kurzen Aussage, er hätte für kluge Ratschläge keine Zeit. Er müsse schließlich sägen.

GASTROWORKS
Kalkulation

Sie wollen endlich schnell und auf den Cent genau kalkulieren? Wir haben die perfekte Lösung mit Schweizer Experten entwickelt:

www.kochkralle.de

TECHNIKEN ZUR ENTLASTUNG

Souveränität

Souveränität ist das Fundament der Mitarbeiterführung und somit Ihrer Entlastung:

- **Sie** sind glaubwürdig bei allen Stakeholdern (alle Beteiligte vom Spüler bis zum Finanzamt) Ihres Unternehmens
- **Sie** bauen Sicherheit und Mitarbeiterbeziehungen aus
- **Sie** entwickeln gemeinsame und nicht egoistische Zukunftslösungen. Schließlich arbeiten Sie im Team. Und dieses Team ist Ihr Kapital.

Beobachten Sie sich. Stellen Sie sich vor, sie würden gefilmt und sehen sich das Video jetzt an. Was sehen Sie? Einen Burnout-gefährdeten Menschen, der unruhige Hektik verbreitet, sich unsicher bewegt, verschlossen daherkommt. Oder jemanden, der voll und ganz hier ist, weil er Zeit hat. Sie sich einfach nimmt. Er ist bei der Sache. Zu 100%.

Das können Sie nicht spielen, das leben Sie. Sie leisten sich das, weil Sie keinen Druck mehr verspüren, der Zeit hinterherzulaufen. Sie haben die Zeit im Griff, nicht umgekehrt. Hetze, was ist das?

Sie kennen autonome, autarke, starke Menschen, nicht wahr? Ich halte nichts von Vorbildern, weil sie in der Lage sind, andere zu steuern, zu manipulieren. Aber beobachten Sie souveräne Mitmenschen. Wie verhalten Sie sich? Anders als Sie? Wie? Wertvollstes Praxistraining. Strahlen Sie ganz bewusst positiv auf andere, das schließt im Besonderen Ihre Mitarbeiter ein. Ihre Zeitersparnis vergrößert sich nochmals, weil Sie sich als natürliche Kompetenz Diskussionen und Zweifel im Background ersparen.

Sie entlasten sich so als Unternehmer ganz enorm, weil Sie durch das Leben von Souveränität der bewunderte Dirigent werden, der sein Unternehmen ohne Zweifel und virtuos und vertrauensvoll führt

---

Nehmen Sie sich die Zeit! Denken Sie darüber nach! Träumen Sie vom perfekten Tag als ein wirklich Souveräner! Damit sich diese Lektüre für Sie lohnt!

Technik: DIE KUNST DER EINFACHHEIT

Betreiben Sie eine Almhütte in den Chiemgauer Alpen, sollten Sie keinen Mojito-Cocktail mit frischer Minze und auch keine Hamburger Aalgalantine (kennen Sie den Unterschied zwischen Gelatine und Galantine?) anbieten, weil einmal im Jahr ein Gast danach fragen könnte. Auch müssen Sie im „Hamburger Hafenstüberl" keinen Miesbacher Obstler oder Renkenfilet nach Art des Fraueninsel-Klosterwirts im schönen Chiemsee anbieten. Sie können nicht alles haben und nicht alles anbieten.

Von dem, was Sie anbieten möchten, streichen Sie noch mal die Hälfte weg

Wer - innerhalb Ihrer festen und kleinen Zielgruppe - Appetit und Hunger hat, findet schon sein Lieblingsgericht auf Ihrer Karte.

Die besten und überfülltesten Läden sind NIE die mit dem größten Angebot! Sie ersparen sich täglich eine Menge unnützer Arbeit, wenn Sie EINFACH denken und handeln. Komplexität, Kompliziertheit ist zur richtigen Seuche geworden.

Also machen Sie einfach alles
EINFACH!

Der Grund ist folgender: Alles, was heutzutage funktioniert, also gut ist, ist angeblich kompliziert, hochkomplex. Somit taugen einfache Dinge nichts - denkt die Masse. Falsch! Programmieren Sie mal Ihren neu erworbenen Videorecorder nach genau Ihren Vorstellungen. Da können Sie sich schon die Notrufnummer des psychologischen Notdienstes danebenlegen. Um das neueste Modell von BMW überhaupt starten zu können, besuchen Sie am besten ein Sommersemester an der technischen Universität.

Natürlich hat der Fortschritt seine Berechtigung, besonders auch in der Gastronomie. Und innovative Ideen begeistern jeden Tag aufs Neue. Nur das Prinzip der Umsetzung sollte so einfach wie möglich gehalten werden. 26 Sorten Eis brauchen Sie vielleicht in einer Eisdiele, aber nicht in einem Bistro: Streichen sie auf fünf Sorten zusammen. Müssen Sie Weinschorle in drei Gläsergrößen anbieten? Standard 0,4 l reicht aus. Brauchen Sie Schnitzel in 76 Variationen und

Fleischsorten, wenn Sie nicht das „Schnitzelparadies"
betreiben?

Wenn Sie jetzt über 75 Schnitzel nachdenken, sollten Sie
mal in sich gehen und über Grundsätzliches grübeln!

Die gewonnene Zeit, die Sie für Bestellungen,
Wareneingangskontrolle, Lagerhaltung, Verwertung,
Kalkulation usw. verschwendest, verbringen Sie besser
bei Ihren Gästen und vor allem bei Ihren lieben
Mitarbeitern. Allein Ihre Anwesenheit lässt sie
freundlicher werden, schneller und korrekter arbeiten
(nur sehr wenige können das auch alleine). So kommen
Ihre Gäste gerne wieder. Sehen Sie sich als Betreuer,
den, der den Überblick hat, während des laufenden
Geschäfts als Ansprechpartner für jeden und alles.

Von 100 Problemen sind nur 20 Chefsache. Die
übrigen 80 MÜSSEN Sie delegieren!

Nicht nur im Angebot, auch bei den Lieferanten sollten
Sie die Kunst der Einfachheit beherzigen (ja, es IST eine
Kunst). Wer braucht fünf Weinlieferanten und drei
Metzger? Um die Preise konkurrenzmäßig
herunterhandeln zu können? Dieser Blödsinn hat noch

nie funktioniert, weil Sie sich lächerlich machen, wenn Sie bei jedem Lieferanten nur die Wochen-Angebote kaufen.

Das werden Sie merken, wenn Sie mal Ihren nächsten Laden übernehmen: Ihr schlechter Ruf als Geschäftspartner eilt Ihnen voraus. Außerdem werden Ihre Bestellungen komplizierter, und auch die Kontrolle, die Begleichung der Rechnungen. Und auch die Buchhaltung wird arbeitsintensiver.

Schreiben Sie für die Mitarbeiter eine kurze, effektive Hausordnung, die Bestandteil der Arbeitsverträge mit Ihren Leuten sein sollte. Sie sparen sich so endlose Erklärungen und Diskussionen auch mit neuen Mitarbeitern über Rauch- und Alkoholverbot während der Arbeitszeit oder schocklila gemusterte Blusen im Service. Die Hausordnung ist Ihre kleine Betriebsbibel, da steht geschrieben, was Sie mögen und was Sie nicht mögen.

---

*Und besonders, was Sie überhaupt nicht
leiden können!*

Wichtiger allerdings als das Schreiben und Verteilen der Hausordnung ist die ständige, tägliche und konsequente Überwachung der Einhaltung. Viele Unternehmen kommen ohne aus. Die Gastronomie ist aber nun mal die Fluktuationsbranche Nr.1, weshalb ist die Hausordnung zur Vereinfachung aller betrieblichen Abläufe besonders wichtig ist.

Lassen Sie sich auch keine teuren Hightech-Geräte wie NASA-Induktionsöfen, fern- und zeitgesteuerte Kaffeemaschinen und Spülmaschinen mit Weltraumtechnik andrehen.

Bei nur mäßiger Beanspruchung sind sie meistens schnell defekt. Da Maschinen ihrer inneren Uhr gemäß immer an Sonn- und Feiertagen ihren Dienst quittieren, kaufen Sie sich schon mal ein großes Sortiment an sogenannten Tränenfläschchen, wie sie schon der römische Kaiser Nero benutzt hat. Die brauchen Sie immer, wenn Sie Anfahrtskosten und Notdienstzuschläge bei Technikern zahlen musst.

Ein gutes Gerät braucht nur einen Schalter:

EIN - AUS

Ob sich die Kosten für weiteren Firlefanz lohnen, müssen Sie selber wissen. Und wenn Ihr Pachtvertrag mal ausläuft, wer löst Ihnen dann Ihren knallteuren kirschkernölgefederten Speiselift ab? Hätte es eine einfachere Ausführung nicht auch getan?

Ihr Nachpächter verhandelt mit dem Verpächter bzw. dem Eigentümer, nicht mit Ihnen. Was er nicht übernehmen will, müssen Sie mitnehmen, auch wenn's eine Maßanfertigung war. Der Wert fällt gerade dann auf praktisch null.

Beachten Sie bei jeder noch so kleinen Investition diese gottgegebene Tatsache. Ob es sich um 10 Kuchengabeln, eine Teigmaschine oder einen einfachen Flaschenöffner handelt. Dann haben Sie Ihre erste Million schneller verdient.

Überprüfen Sie auch Ihren Tagesablauf auf Einfachheit. Gehen Sie um 10.00 Uhr zur Bank, um Ihren Umsatz einzuzahlen, um 14.00 Uhr zur Post, um Ihr Postfach zu leeren und um 17.00 Uhr zur Kurverwaltung, um Ihr Abendmenü an der Infotafel anzuschlagen, könnten Sie das alles auf einem Weg tun. Perfekt sind Sie, wenn Sie Ihre Bedienung für alles schicken. So haben Sie 1 Stunde Zeit gewonnen. Kaufen Sie sich ein Spaghettieis und telefonieren mit Ihrer Frau, Freundin, Mann, Freund, Ihren Kindern. Oder denken Sie über eine neue Restaurantaktion in Ihrem Laden nach.

DAS ist einfach. Fast genial.

MOTIVATION

„Ich weiß nicht genau, wohin ich fahre. Aber ich gebe immer Vollgas!" Ein schönes Zitat. Viele Unternehmer gehen in operativen Aktionen auf und finden Ihr Steuerrad nicht. Manchmal haben sie gar keines. Wie wollen Sie motivieren, wenn Motivation in Ihrem eigenen Kopf Mangelware ist? Sie motivieren Mitarbeiter durch gesundes menschliches Verhalten, durch beziehungsreiche Führung, durch Vertrauen!

Es ist selbst in höchsten akademischen
Fachkreisen sehr umstritten, ob Motivation
überhaupt möglich ist

Die Wirkung aller Vergünstigungen und geldwerter Vorteile oder Lohnerhöhungen verpuffen nach kürzester Zeit, weil sie nichts Besonderes mehr bedeuten. Und man braucht immer genau die Geldmenge zum Leben, die man gerade einnimmt. Also: Nach 4 Wochen steht alles wieder auf „normal".

Ich empfehle Ihnen das Buch „Mythos Motivation" vom phantastischen Schweizer Managementtrainer Dr. Reinhard Sprenger. Einer der anerkanntesten Fachleute im Bereich Führung und Berater fast aller DAX-100-Unternehmen. Lernen Sie von den Besten.

Warum wir trotzdem den Versuch der Motivierung unternehmen sollten: Wir entlasten uns selbst, weil motivierte Mitarbeiter messbar mehr Leistung bringen – wenn Motivation denn greift. Leistung, die Sie selbst nicht mehr einbringen müssen.

70% aller Stellenwechsel sind durch Demotivation begründet, im Nichtanerkennen der erbrachten Arbeitsleistungen und fehlendem Vertrauen in den Vorgesetzten! Machen Sie deshalb Ihre Mitarbeiter einfach glücklich, es ist doch so einfach:

- Seien Sie ehrlich, verhalten Sie sich menschlich und nicht als „Übervater"
- Fordern Sie in jeder Situation 100%ige Leistung ein
- Fördern Sie unablässig durch Vorbildfunktion, Fort- und Weiterbildungsangebote
- Unterstützen Sie alle Ihre Mitarbeiter, gleich welcher Position, bei - außergewöhnlichen - privaten Angelegenheiten
- Senden Sie Vertrauen. Wer dieses nicht verdient, ist bei Ihnen nicht am rechten Platz
- Jeder Mensch tickt anders. Verhalten Sie sich stets nach diesem Grundsatz

Es ist nicht Ihre Aufgabe, Mitarbeiter glücklich zu machen? Doch, genau das ist es. Weil Sie als Dirigent nur dadurch ein perfektes, funktionierendes, loyales Orchester aufbauen werden, das lange bei Ihnen bleibt. Denn hohe Fluktuationskosten schmälern Ihre Erträge ganz enorm.

Lassen Sie es Ihre Mitarbeiter merken, wenn Sie zu eigener Veränderung bereit sind und diese umsetzen.

Sie irritieren Ihre Umwelt mit Veränderungen erheblich! Erkennen aber gleichermaßen aber die Neugier, die geweckt wird.

Das alles kommt Ihrer eigenen Entlastung im Zeit- und Arbeitsrahmen sehr zugute, und zwar mit außerordentlich schnell sichtbaren Ergebnissen.

Fringe Benefits

Fringe Benefits sind Sachbezüge, die nicht aus Geld bestehen, außerdem Naturallöhne und geldwerte Vorteile zur Bereicherung des Empfängers. Gehaltserhöhungen fallen also nicht darunter.

Setzen Sie Fringe Benefits zur Motivation und Mitarbeiterbindung ein, setzen Sie diese jedoch sparsam ein. Diese Investments in einen Mitarbeiter sollen sich für Ihren Betrieb auszahlen. Der Wert der Fringe Benefits gehören als Sachbezug zum steuerpflichtigen Arbeitslohn, bleiben jedoch nach Abzug des vom Steuerpflichtigen gezahlten Entgelts bis z.Z. 44,00 € ansatzlos.

Beispiele von Sachbezügen:

- ✓ Vergünstigte oder kostenfreie Waren und Dienstleistungen
- ✓ Dienstwagen zur privaten Nutzung
- ✓ Nutzung einer Betriebswohnung
- ✓ Verpflegung
- ✓ An eine Sachleistung gebundene Gutscheine, die nicht auszahlbar sind
- ✓ Geschenke zu besonderen persönlichen Anlässen

Allgemeine Benefits greifen auch in verschiedenen Bereichen:

<u>Lebensqualitätsvorteile</u>

Reduzierte Arbeitszeit, Arbeitszeitmodelle, Zusatzurlaub, Sabbaticals, Freistellungen

Monetäre Leistungen

Alterszulage, Geburtsbeihilfe, Pauschalspesen, Handygebühren, Abonnements, Fahrtkosten

Soziale Sicherheiten

Kinderzulagen, Familienzulagen, Gesundheitschecks, erweiterte Mutter- und Vaterschaftsurlaube

Anstellungskonditionen

Persönlicher Parkplatz, Übernahme von Kreditkartengebühren, Übernahme von Leasinggebühren und Beiträgen

Informieren Sie sich in jedem Fall zielgenau bei Ihrem Steuerberater über die aktuelle Gesetzeslage und erwarten Sie Empfehlungen von seiner Seite! Sie bezahlen ihn für diese Leistungen, und nur wenige Steuerberater sind in der Lage, Ihnen diese Empfehlungen auszusprechen. Warum? Weil sie Mittelmaß sind. Geben Sie sich damit auf keinen Fall zufrieden. Fordern Sie!

Das ist ein guter Teil zur Umsetzung Ihrer neuen Souveränität

---

Autoren-Tipp: Betriebliche Zusatzleistungen sollen Mitarbeiter zu Bestleistungen motivieren. Deshalb müssen sie sich immer an deren Bedürfnissen orientieren. Eine reine Lohnerhöhung gehört nicht zu den schnellen Motivatoren und muss sehr genau auf Langfristigkeit geprüft werden.

Der Wert jedes einzelnen Benefits muss bestens kommuniziert werden!

Sprechen! Sie mit Ihren Mitarbeitern, erklären Sie Ihnen den Job, die Firma, den Sinn, den Zusammenhalt, das gemeinsame Ziel, den Enthusiasmus, das Fordern und Fördern, die Liebe zur Arbeit. Den Zweck.

Und wenn der erste sagt, „Chef, es tut mir leid, aber ich habe jetzt keine Zeit mehr, weil ich noch tausend Dinge erledigen muss……". Dann haben Sie Ihr erstes Teilziel erreicht: Nicht mehr SIE sind gehetzt und getrieben, sondern Ihr Mitarbeiter! Sie sind auf dem Weg zur Perfektion.

ORGANISATION UND KOMMUNIKATION

Machen Sie sich nochmals klar: Ihre eigene geplante Entlastung geht einzig und allein von Ihnen selbst aus. Sie sind der Zündfunke, der den Motor „effektiv arbeiten, entspannt leben, erfolgreich unternehmen" in Gang bringt. Sie sind der Mittelpunkt, der das initiiert, initiieren muss.

Und das ist ganz einfach, wenn Sie folgende erprobte Gesetzmäßigkeiten nicht nur beachten - sondern leben.

Wir unterscheiden zwischen innerer und äußerer Kommunikation, wobei der Wert der Kommunikation immer auf Vertrauen beruht. Welche Vertrauenswürdigkeit besitzt Ihr Gesprächspartner?

Und Sie?

Sie sind gegenüber einem Praktikanten respektlos, wenn Sie formal anders mit ihm reden als mit dem Bürgermeister

---

Sie wären nicht authentisch – Ihre neue Eigenschaft. Die GesprächsINHALTE liegen in Abhängigkeit zum ErklärungsAUFWAND natürlich anders.

Wirtschaftsprofessor Dr. Zerfaß empfiehlt die Unterscheidung Ihrer Unternehmens-Kommunikation nach 3 wichtigen Gesichtspunkten, die ebenso einleuchtend wie einfach und für Sie hocheffizient sind.

Halten Sie Kontakt:

die **Organisationskommunikation**, die zwischen den Mitgliedern eines Unternehmens in direkter Kommunikation abläuft und den gesamten Prozess der Leistungserbringung umfasst. Ebenso wie Mitarbeitergespräche zur Einstellung oder Beurteilung gehört dazu auch die kurze, ständige Kommunikation besonders mit den Mitarbeitern der unteren Ebenen, die Sie sonst im täglichen Geschäft nicht erreichen. Hier ist die Motivationsquote besonders hoch, weil Sie wie oben beschrieben keine direkte Kritik an Tätigkeiten üben. Nicht mehr üben müssen.

VEREINFACHEN SIE PROZESSE:

die **Marktkommunikation**, bei der es um die Abstimmungsprozesse zwischen Lieferanten, Gästen und Wettbewerbern geht. Führen Sie einfache und feste Strukturen ein, die jeder Mitarbeiter nachvollziehen und umsetzen kann. Entlasten Sie sich beispielsweise durch die Erstellung eines Betriebshandbuchs, in dem alle Prozesse als Algorithmus beschrieben sind. Dieses Vorgehen wurde von erfolgreichen Franchisern entwickelt - und funktioniert hervorragend. Als Beispiele seien das Qualitätsmanagement, Anlieferzeiten, Angebots- und Nachfrageanalysen oder gemeinsame Vermarktungsaktionen genannt.

GLIEDERN SIE AUS – DER PROFI KANN´S BESSER:

Die **Öffentlichkeitsarbeit** oder Public Relations, die sich um die Integration des Unternehmens in das gesellschaftspolitische Umfeld kümmert und vor allem das Image im Auge hat. PR ist ein Studienfach mit reichlich komplexen Inhalten. Öffentlichkeitsarbeit lässt sich also nicht nach Feierabend innerhalb einer halben Stunde erledigen. Auch die Vorgehensweise von „Versuch und Irrtum" kann Ihr Unternehmen in sehr schwere, gefahrvolle Fahrwasser bringen. Dabei spielt es keine Rolle, in welcher hohen Qualitätsstufe Sie arbeiten. PR beschreibt, wie Ihr Unternehmen - dieser kleine Mikrokosmos - in der Umwelt wahrgenommen wird.

Bei vielen Mandanten haben wir diesen Bereich im Outsourcing vergeben

---

Professionelle Vorgehensweise und Kommunikation, nicht zuletzt mit der Presse, sind ein Vielfaches des Preises wert, den Sie an Ihre PR Agentur zahlen. Vereinbaren Sie in einem mittelgroßen Betrieb in etwa 4 feste Wochenstunden, in denen der Profi für Sie da und auch für Stakeholder erreichbar ist. Die Folge ist ein erstklassiges, hochprofessionelles Repräsentieren Ihres Unternehmens.

Sie dirigieren in dieser Form erstklassig! Und entlasten sich.

PRAXISBEISPIEL

Ein kurzer Dialog aus einem meiner Drehbücher zu Erklärvideos zum Thema:

Serviceleitung (SL) zu Küchenchef (KC):

SL: „Auf Tisch 21 möchte der Gast anstelle Mohnspätzle lieber die Pommes Macaire zum Kalbstafelspitz. Wie siehtʹs aus?"

KC: „Ja gerne, wir richten in 6 Minuten an. Wir ziehen dann auch den Tisch 7 dann vor, das Ameuse geulle ist ja schon abgeräumt."

SL: "Bitte denken Sie daran, dass wir um 14.30h mit Frau Müller wegen des Hochzeitsmenüs verabredet sind. Was meinen Sie, soll die Chefin dazukommen?"

KC: „Die hat schon genug um die Ohren, wir machen's wie immer. Sie und ich. So klappt's am besten.

Wenn Sie diese Mitarbeiter beschäftigen, geht's Ihnen gut. Die Mitarbeiter in unserem kleinen Beispiel sind motiviert, handeln eigenständig und übernehmen Verantwortung. SIE selbst sind entlastet.

80% meiner Leser finden die beschriebenen Themen hochinteressant! Und nur einige wenige, weit unter 20%, beginnen eine Veränderung. Warum? Weil eine bewusste Änderung Arbeit macht. Im eigenen Kopf. *Alte Gewohnheiten sind bequem, nicht wahr?* Wenn Sie nie Zeit haben, nicht genügend wahrgenommen werden, ständig überlastet sind, die Zufriedenheit und Dankbarkeit nicht da ist:

Fangen Sie an, das zu ändern! Heute! Jetzt!

Ich freue mich, wenn ich Ihnen dazu die ersten Gedanken näherbringen konnte.

Ihr Andreas J.H. Hein, Autor

Buchempfehlungen:

Ab heute ausgebucht - mein HotelRestaurant: Professionell planen. Handeln. Konkret umsetzen.
Kindle Edition
von Andreas J. H. Hein ▾ (Autor)

Geben Sie die erste Bewertung für diesen Artikel ab

▸ Alle 2 Formate und Ausgaben anzeigen

Kindle Edition	Taschenbuch
EUR 14,99	EUR 39,80 ✓prime
Lesen Sie mit unserer kostenfreien App	1 gebraucht ab EUR 74,00
	5 neu ab EUR 39,80

Andreas J.H. Hein, Küchenmeister, Autor und Unternehmenscoach in München, zeigt nach seinem Verlagsbestseller 2012 effiziente und erfolgserprobte Wege zur Gästegewinnung und -bindung auf. Dazu gehören neben Marketing, QM und reiner Werbung in erster Linie hoch positionierte Unternehmensprodukte – die allein in der Küche entstehen. Der Autor setzt hier Akzente bei nachhaltiger Balance zwischen Handwerk, Küchenkunst und Kosten. Die Kosteneffizienz ist dem Autor
▸ Mehr lesen

Willst Du die totale Pleite?: Die 10 Wege zur erfolgreichen Gastronomie
Taschenbuch – 12. Juli 2012
von Andreas J. H. Hein ▾ (Autor)
★★★☆☆ ▾ 21 Kundenrezensionen

▸ Alle 2 Formate und Ausgaben anzeigen

Taschenbuch
EUR 24,80 ✓prime

Lieferung Mittwoch, 9. Aug.: Bestellen Sie innerhalb 20 Stunden und 57 Minuten per **Morning-Express** an der Kasse. Siehe Details.

7 neu ab EUR 24,80   ⋮   12 gebraucht ab EUR 5,29

Auf eigenen Erfahrungen basierende, sofort in die Praxis umsetzbare Tipps helfen potentiellen Jungunternehmern und gestandenen Gastronomen, Fehler zu vermeiden und ihre Unternehmensführung effektiver zu gestalten. - Die Praxisorientierung mit klaren Hinweisen f r die Umsetzbarkeit machen das Buch zu einem Erfolgsfaktor im Wettbewerb." Dr. Axel Gruner, Professor f r Hospitality Management an der Fachhochschule M nchen Der Ratgeber behandelt nicht das Thema, wie man einen krisenoesch ttellen gastronomischen Betrieb sanieren kann ("turn around"), sondern er ist voller
▸ Mehr lesen

Alle 2 Bilder anzeigen

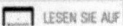

Konzept Winter und Wild: Restaurantaktionen exellent planen und umsetzen Kindle Edition
von Andreas J.H. Hein ▾ (Autor)

Geben Sie die erste Bewertung für diesen Artikel ab

▸ Alle 2 Formate und Ausgaben anzeigen

Kindle Edition	Taschenbuch
EUR 5,99	EUR 12,80 ✓prime
Lesen Sie mit unserer kostenfreien App	2 gebraucht ab EUR 11,79
	15 neu ab EUR 12,80

Wozu Restaurantaktionen durchführen?

Sie bieten Spargel oder Wildkräuter an, weil gerade mal Saison ist? Auf keinen Fall! Sie bieten Ihrem Gast damit das Besondere. Sie bleiben im Gespräch. Sie wecken Neugier.
Hier generieren Sie neue Gäste und binden Stammgäste. Sie erhöhen den Durchlauf, maximieren Umsätze und Erträge
▸ Mehr lesen

Tipps für RestaurantAktionen, effizientes Gastro-Management, Neueröffnung, Checklisten, die perfekte Schweizer Kalkulation, Hygienestandards, Einstellungsgespräche und Arbeitsverträge auch für Ihre Aushilfen finden Sie unter

www.bestsellerverlag.de